中华人民共和国行业推荐性标准

公路桥梁钢结构工程预算定额

JTG/T 3832-01—2022

主编单位：中交公路规划设计院有限公司
批准部门：中华人民共和国交通运输部
实施日期：2022年11月01日

人民交通出版社股份有限公司

北　京

律 师 声 明

本书所有文字、数据、图像、版式设计、插图等均受中华人民共和国宪法和著作权法保护。未经人民交通出版社股份有限公司同意,任何单位、组织、个人不得以任何方式对本作品进行全部或局部的复制、转载、出版或变相出版。

本书封面贴有配数字资源的正版图书二维码,扉页前加印有人民交通出版社股份有限公司专用防伪纸。任何侵犯本书权益的行为,人民交通出版社股份有限公司将依法追究其法律责任。

有奖举报电话:(010)85285150

北京市星河律师事务所
2020 年 6 月 30 日

图书在版编目(CIP)数据

公路桥梁钢结构工程预算定额:JTG/T 3832-01—2022 / 中交公路规划设计院有限公司主编. — 北京:人民交通出版社股份有限公司,2022.9
ISBN 978-7-114-18182-5

Ⅰ.①公… Ⅱ.①中… Ⅲ.①公路桥—钢结构—桥梁工程—建筑预算定额—中国 Ⅳ.①U448.145.1

中国版本图书馆 CIP 数据核字(2022)第 159042 号

标准类型:	中华人民共和国行业推荐性标准
	Gonglu Qiaoliang Gangjiegou Gongcheng Yusuan Ding'e
标准名称:	**公路桥梁钢结构工程预算定额**
标准编号:	JTG/T 3832-01—2022
主编单位:	中交公路规划设计院有限公司
责任编辑:	李　沛
责任校对:	赵媛媛
责任印制:	张　凯
出版发行:	人民交通出版社股份有限公司
地　　址:	(100011)北京市朝阳区安定门外外馆斜街 3 号
网　　址:	http://www.ccpcl.com.cn
销售电话:	(010)59757973
总 经 销:	人民交通出版社股份有限公司发行部
经　　销:	各地新华书店
印　　刷:	北京市密东印刷有限公司
开　　本:	880×1230　1/32
印　　张:	2.625
字　　数:	69 千
版　　次:	2022 年 9 月　第 1 版
印　　次:	2022 年 9 月　第 1 次印刷
书　　号:	ISBN 978-7-114-18182-5
定　　价:	40.00 元

(有印刷、装订质量问题的图书,由本公司负责调换)

中华人民共和国交通运输部公告

第 46 号

交通运输部关于发布
《公路桥梁钢结构工程预算定额》的公告

现发布《公路桥梁钢结构工程预算定额》(JTG/T 3832-01—2022),作为公路工程行业推荐性标准,自 2022 年 11 月 1 日起施行。

《公路桥梁钢结构工程预算定额》(JTG/T 3832-01—2022)的管理权和解释权归交通运输部,日常管理和解释工作由主编单位中交公路规划设计院有限公司负责。

请各有关单位注意在实践中总结经验,及时将发现的问题和修改建议函告中交公路规划设计院有限公司(地址:北京市东城区东四前炒面胡同 33 号,邮政编码:100010),以便修订时研用。

特此公告。

中华人民共和国交通运输部
2022 年 8 月 23 日

前　言

根据《交通运输部关于下达2018年度公路工程行业标准制修订项目计划的通知》(交公路函〔2018〕244号)的要求,由中交公路规划设计院有限公司承担《公路桥梁钢结构工程预算定额》(以下简称"本定额")的制定工作。

为进一步推动我国公路桥梁钢结构建造产业健康有序发展,本定额以公路桥梁钢结构制造及安装为主要研究内容,规范公路桥梁钢结构工程的造价编制,引导加强公路桥梁钢结构设计方案技术经济比选和施工成本控制。编制过程中,编写组对国内主流桥梁钢结构加工厂家、专业涂装公司、施工单位,以及在建或已建桥梁钢结构工程,进行了调研、资料收集及定额消耗量现场观测,按照鼓励先进、淘汰落后设备及工艺的原则,基于国内公路桥梁钢结构工程的主流施工装备水平、施工组织及相关定额消耗水平,通过大量调研、实地观测和分析论证,在严格遵循公路工程相关标准规范的基础上,广泛征求了建设、设计、施工、管理等有关单位和专家的意见,并经过反复论证修改后完成本定额的编制工作。

本定额共包括三章及两篇附录,分别是:第一章　桥梁钢结构制造,第二章　桥梁钢结构运输,第三章　桥梁钢结构安装,附录A　公路桥梁钢结构工程机械台班费用定额,附录B　补充材料、半成品单位质量、损耗、基价表。

请各有关单位注意在实践中总结经验,及时将发现的问题和修改建议,函告本定额日常管理组,联系人:史福元(地址:北京市东城区东四前炒面胡同33号中交公路规划设计院有限公司,邮政编码:100010;邮箱:shifuyuan@hpdi.com.cn),以便修订时研用。

主 编 单 位：中交公路规划设计院有限公司
参 编 单 位：北京中交京纬公路造价技术有限公司
　　　　　　交通运输部路网监测与应急处置中心

主　　　　编：晏　宇
主要参编人员：史福元　董再更　方　申　邵卫峰　高嵩焱　李　宁　冯　驰　王泽航
　　　　　　　张孝阳　徐　浩　蔡绍荣　刘衔浩　胡亚辉　刘　申　杨春松　张丽惠
　　　　　　　姜　红　陈　剑　赖兆平　孙春华　李　颖

主　　　　审：易万中
参与审查人员：李春风　成　红　陈　亮　韩　玫　黄志勇　张道德　田克平　钟建锋
　　　　　　　蒲荣简　李国平　韩延治　史洪波　陈　柯　龙崇美　闫秋波　黄李骥
　　　　　　　曾雪芳　冯　刚

参 加 单 位：江西省交通工程造价管理站
　　　　　　湖北省交通基本建设造价管理站
　　　　　　重庆市交通工程造价站
　　　　　　中铁宝桥集团有限公司
　　　　　　中铁山桥集团有限公司

上海振华重工(集团)股份有限公司

中交世通(重庆)重工有限公司

甘肃博睿交通重型装备制造有限公司

镇江蓝舶科技股份有限公司

中铁九桥工程有限公司

广西路桥工程集团有限公司

广东省公路建设有限公司

中国铁建港航局集团有限公司

总 说 明

一、本定额是全国公路专业定额,与《公路工程建设项目概算预算编制办法》(JTG 3830—2018)配套使用,是编制施工图预算的依据,适用于公路工程建设项目新建与改扩建桥梁工程。

二、本定额中"公路桥梁钢结构"是指采用钢材,通过制作加工而成,并用于公路桥梁结构承受荷载的主体结构,主要包括梁、拱、墩、塔、钢锚箱等,不含斜拉索、主缆、吊索、索鞍、索夹、型钢锚固系统等专用桥梁钢结构产品。

三、本定额与《公路工程预算定额》(JTG/T 3832—2018)、《公路工程机械台班费用定额》(JTG/T 3833—2018)配套使用,当项目设计深度及施工组织方案能达到按照工序组价的程度时,应优先采用本定额编制工程造价。

四、本定额是按照合理的施工组织和正常的施工条件编制的。定额中所采用的施工方法和工程质量标准,是根据国家现行公路工程施工技术及验收规范、质量评定标准及安全操作规程取定的,除定额中规定允许换算者外,均不得因具体工程的施工组织、操作方法和材料消耗与定额的规定不同而调整定额。

合理的施工组织是指对工程施工所需的所有生产要素进行合理的安排,使其形成一个协调的系统,从而达到作业时间合适、物资资源消耗节约、产品和服务质量合规的目标。

正常的施工条件是指在正常的水文、环境、气候条件下,按照技术先进、经济合理的实施性施工组织设计,合理安排组织施工生产,合理配备人工、材料、机械等资源,产品的质量、安全、环保等均符合国家现行相关标准的要求。

五、本定额是以人工、材料、机械台班消耗量表现的工程预算定额。编制预算时,其人工费、材料费、施工机械使用费,应按《公路工程建设项目概算预算编制办法》(JTG 3830—2018)的规定计算。

六、本定额均按每工日 8h 计算。

七、本定额中的工程内容,均包括定额项目的全部施工过程,定额内除扼要说明施工的主要操作工序外,均包括准备与结束、场内操作范围内的水平与垂直运输、材料工地小搬运、辅助和零星用工、工具及机械小修、场地清理等工程内容,未包含监控及工程所需要临时工程、辅助设施的费用,发生时其费用根据工程实际另行计算。

八、本定额中的材料消耗量是按材料标准的合格料和标准规格料计算的。定额内材料、成品、半成品均已包括场内运输及操作损耗,除定额另有规定外,编制预算时,不得另行调整。其场外运输损耗、仓库保管损耗应在材料预算价格内考虑。

九、本定额中周转性的材料数量,已考虑了材料的正常周转次数并计入定额内。

十、本定额中各项目的施工机械种类、规格是按合理的施工组织确定的,当施工中实际采用机械的种类、规格与定额规定不同时,一律不得换算。

十一、本定额中的施工机械台班消耗,已考虑了工地合理的停置、空转和必要的备用量等因素。编制预算的台班单价,应按《公路工程机械台班费用定额》(JTG/T 3833—2018)及本定额附录 A 计算。

十二、本定额中只列工程所需的主要材料用量和主要机械台班数量。对于次要、零星材料和小型施工机具均未一一列出,分别列入"其他材料费"及"小型机具使用费"内,以元表示,编制预算即按此计算。

十三、其他未包括的项目,各省级公路造价管理部门可编制补充定额在本地区执行;还缺少的项目,各设计单位可编制补充定额,随同预算文件一并送审。所有补充定额均应按《公路工程预算定额》(JTG/T 3832—2018)的编制原则、方法进行编制,并将数据上传至"公路工程造价依据信息管理平台"。

十四、本定额表中注明"某某数以内"或"某某数以下"者,均包括某某数本身;而注明"某某数以外"或"某某数以上"者,则不包括某某数本身。定额内数量带"( )"者,表示基价中未包括其价值。

十五、本定额中凡定额名称中带有"※"号者,均为参考定额,使用定额时,可根据情况进行调整。

十六、本定额的基价是人工费、材料费、施工机械使用费的合计价值。基价中的人工费、材料费按《公路工程预算定额》(JTG/T 3832—2018)附录四计算,新增材料费则按本定额附录 B 计算,施工机械使用费是按《公路工程机械台班费用定额》(JTG/T 3833—2018)计算,新增机械使用费则按本定额附录 A 计算。若项目所在地海拔超过 3 000m,定额人工、材料、机械基价乘以系数 1.3。

十七、本定额中的"工料机代号"系编制概预算采用电子计算机计算时,作为对人工、材料、机械名称识别的符号,不应随意变动。编制补充定额时,如有新增材料或机械名称,编码采用 7 位,第 1、2 位取相近品种的材料或机械代号,第 3、4 位采用偶数编制,后 3 位采用顺序编制。

目 录

第一章 桥梁钢结构制造 1
说明 1
第一节 钢结构加工 3
说明 3
1-1-1 钢结构加工 4
1-1-2 剪力钉安装 10
第二节 钢结构涂装 11
说明 11
1-2-1 钢结构表面除锈 13
1-2-2 钢结构表面涂装 15

第二章 桥梁钢结构运输 17
说明 17
第一节 钢结构节段场外运输 18
说明 18
2-1-1 钢结构节段场外公路运输※ 19
2-1-2 钢结构节段场外海上运输※ 20

第二节　钢结构大节段场内运输	21
说明	21
2-2-1　钢结构大节段水上运输※	22
2-2-2　钢结构大节段轨道运输	23
第三章　桥梁钢结构安装	**24**
说明	24
第一节　钢结构工地连接	25
说明	25
3-1-1　钢结构工地连接	26
第二节　钢工字组合梁安装	27
说明	27
3-2-1　钢工字组合梁	28
第三节　钢箱形组合梁安装	30
说明	30
3-3-1　钢箱型组合梁	31
3-3-2　波形钢腹板梁※	33
第四节　钢桁梁安装	34
说明	34
3-4-1　钢桁梁	35

第五节　钢塔安装 ···	36
说明 ··	36
3－5－1　钢塔※ ··	37
第六节　钢箱梁安装 ···	39
说明 ··	39
3－6－1　钢箱梁 ···	40
第七节　缆索吊装设备 ··	46
说明 ··	46
3－7－1　缆索吊装设备 ··	47
附录 A　公路桥梁钢结构工程机械台班费用定额 ····································	48
附录 B　补充材料、半成品单位质量、损耗、基价表 ································	66

第一章 桥梁钢结构制造

说 明

1. 本章定额包括钢结构加工、钢结构涂装等项目。

2. 桥梁钢结构节段是指根据设计要求或制造和安装的需要,将整个钢结构分成若干制造、运输及吊装单元,这个制造单元称为节段。

3. 钢结构加工主要工艺。

(1)钢材预处理:采用预处理自动生产线对结构钢材进行辊平、喷砂、喷涂(临时防腐)及烘干。

(2)辊平矫正:消除钢材因外力或内应力形成的弯曲、翘曲、凹凸不平等缺陷,使钢材能满足加工要求。板材矫正一般采用专用矫正机进行。

(3)切割下料:采用空气等离子或火焰数控切割机切割下料,矩形板件可采用多头切割机床下料。

(4)坡口加工:主要杆件焊接边坡口采用铣削加工方式或精密切割,冷弯U肋焊接边坡口采用专用数控铣床加工,设备包括刨边机、斜面铣床、双面铣床及液压牛头刨等。

(5)钢板折弯:压制成型肋板,主要设备为数控液压折弯机。

(6)钻孔:杆件或构件的螺栓孔需用钻孔设备钻制,常用钻孔设备有数控钻床、摇臂钻床、磁力钻等。

(7)板单元组焊:板单元采用专用组装设备组装,打磨、除尘、组装卡紧、定位焊,正交异性板单元采用自动化焊接,顶板单元、底板单元采用多头门式自动焊专机或机器人焊接。

(8)整体组装:搭设拼装胎架,按照设计工艺顺序,逐一组拼加工好的板单元,预留焊接收缩量,钢板对接焊缝一般采用埋弧自动焊焊接,其他部位如顶板单元、底板单元、边腹板单元、中腹板单元等均采用CO_2气体保护自动焊、多头门式焊接机器人等焊接方式。

(9)试拼装、预拼装:为了验证图纸的正确性、工艺的可行性及工装的合理性,选取钢梁的部分典型构件在批量生产前进行试拼装,试拼装检验合格后,方可批量生产。

预拼装是钢结构桥梁制造的重要工序,钢梁节段采用测量仪器定位的连续匹配的拼装方法,保证梁段间接口的匹配精度,预拼装过程中需完成接口顶板的配切、临时连接件的安装、连接板配孔、线形调整等工作。

4. 钢结构涂装主要工艺。

(1)二次喷砂除锈:钢梁构件或节段制作加工完成后,即可进行二次喷砂除锈。二次喷砂除锈在喷砂房中完成,主要施工内容有表面清理、喷砂、吸砂、除尘、质量检验等。除锈等级应达到现行《涂覆涂料前钢材表面处理表面清洁度的目视评定》(GB/T 8923)规定的Sa2.5级~Sa3.0级。

(2)车间涂料喷涂:车间涂料喷涂主要为底漆、中间漆和第一道面漆的喷涂,通常采用高压无气喷涂工艺,主要施工内容包括涂料配置、除湿除漆雾、喷涂、检查修补、检验等。

(3)钢桥面底漆(含钢桥面除锈):桥面结构安装完成后,铺装前对桥面进行抛丸除锈,完成后进行清理、吹扫,进行质量检验,质量验收合格后进入桥面底漆施工,涂料喷涂通常采用高压无气喷涂工艺。桥面除锈合格后应及时进行涂料的喷涂,防止返锈等。

(4)桥位现场面漆喷涂:按照设计方案要求,进行全桥最后一道面漆的涂装施工,主要内容包括表面处理、现场涂装修补、焊缝处理、涂料配置、涂料喷涂、质量检验等。

(5)电弧喷铝、电弧喷锌:电弧喷涂通常采用电弧喷涂设备进行喷涂,在铺设轨道上采用往复机,搭载电弧喷涂设备进行机械化电弧喷涂施工。

第一节 钢结构加工

说 明

1. 本节定额包括钢结构加工、剪力钉安装项目。

2. 本节定额工程内容中,均包括钢板(钢材)预处理(除锈、辊平矫正、临时防腐涂装等)、单元板件制作(下料、加工、组拼、焊接、修磨及U肋内焊等)及场内运输、节段块体拼焊(半成品单元板件吊运就位、定位、组拼及焊接各单元、修整、打磨、探伤检测等)、试拼装、预拼装及节段场内运输等内容,不含二次除锈、涂装及节段从存梁场至施工现场的场外运输费用。

3. 本节定额中,已包括工装胎架摊销费及钢结构焊缝检测费用,其中工装胎架按照35元/t计入定额其他材料费中,钢结构焊缝检测费用,按照钢工字组合梁55元/t,其他结构75元/t,计入定额小型机具使用费中。

4. 本定额中Q355钢板或Q370钢板的消耗量,是按照社会平均水平考虑,如桥梁钢结构钢板实际消耗量与定额消耗量相差较大,经充分论证后,可以根据实际情况对定额钢板消耗量进行调整,钢板材质可根据设计内容进行调整。

5. 工程量计算规则:

(1)钢结构加工的工程量,按设计图纸所标示尺寸的理论净量计算,不含焊缝及螺栓质量。

(2)剪力钉安装的工程量,按剪力钉的设计数量计算。

1-1-1 钢结构加工

工程内容 1)施工准备;2)钢板预处理;3)板单元加工及场内运输;4)节段块体拼装、焊接;5)节段场内运输及堆放。

单位:10t

顺序号	项目	单位	代号	钢箱梁加工	钢塔加工	钢锚箱加工	钢箱拱肋加工	钢桁梁加工	钢工字组合梁加工	箱形组合梁加工	钢底板波形钢腹板组合梁加工	混凝土底板波形钢腹板组合梁加工
				1	2	3	4	5	6	7	8	9
1	人工	工日	1001001	96.3	123.9	120.3	109.3	96.5	82.5	90.4	92.3	74.3
2	钢丸	t	2003042	0.031	0.038	0.046	0.033	0.029	0.027	0.027	0.035	0.035
3	Q355钢板	t	2004001	10.600	—	10.700	10.750	10.900	10.450	10.600	10.550	10.450
4	Q370钢板	t	2004002	—	10.900	—	—	—	—	—	—	—
5	码板	kg	2004003	45.0	40.0	35.0	35.0	30.0	25.0	45.0	45.0	25.0
6	电焊条	kg	2009011	15.2	1.7	36.7	14.4	3.6	1.5	16.5	—	—
7	埋弧焊丝	kg	2010001	28.5	22.7	24.5	29.8	65.5	24.5	57.4	28.5	8.2
8	药芯焊丝	kg	2010002	114.1	200.1	109.0	119.3	37.6	24.0	48.2	113.8	7.7
9	实心焊丝	kg	2010003	76.0	124.4	35.3	79.8	53.5	35.0	76.0	68.8	4.5
10	焊剂	kg	2010004	32.9	25.0	28.7	34.4	75.4	28.4	56.2	26.1	6.1
11	氧气	m³	3006001	224.71	242.5	211.50	259.55	111.24	150.0	191.0	167.0	100.2

续前页 单位：10t

顺序号	项目	单位	代号	钢箱梁加工	钢塔加工	钢锚箱加工	钢箱拱肋加工	钢桁梁加工	钢工字组合梁加工	箱形组合梁加工	钢底板波形钢腹板组合梁加工	混凝土底板波形钢腹板组合梁加工
				1	2	3	4	5	6	7	8	9
12	二氧化碳	kg	3006002	231.6	472.7	235.0	267.5	123.6	238.3	194.7	380.1	228.1
13	丙烷	kg	3006003	105.8	64.7	189.0	116.3	96.7	58.7	83.6	74.9	44.9
14	其他材料费	元	7801001	711.2	742.6	719.5	721.2	668.2	474.7	673.9	586.8	528.1
15	12t以内载货汽车	台班	8007008	—	—	0.118	—	—	—	—	—	—
16	15t以内载货汽车	台班	8007009	—	0.414	—	—	—	—	—	—	—
17	20t以内载货汽车	台班	8007010	—	—	—	0.187	—	—	—	—	—
18	20t以内平板拖车组	台班	8007024	—	0.300	—	0.792	0.161	0.334	—	—	—
19	50t以内汽车式起重机	台班	8009033	0.016	0.053	0.119	—	—	—	0.059	—	—
20	10t以内20m龙门式起重机	台班	8009064	—	0.245	—	—	0.294	—	—	—	—
21	20t以内20m龙门式起重机	台班	8009065	—	—	—	0.090	—	0.128	—	—	—
22	30t以内20m龙门式起重机	台班	8009066	—	—	—	—	—	0.128	—	—	—
23	80t以内30m龙门式起重机	台班	8009070	0.066	0.057	0.857	—	—	—	0.128	0.100	0.100
24	120t以内42m龙门起重机	台班	8009072	—	0.276	—	—	0.038	—	—	—	—
25	250t以内42m龙门式起重机	台班	8009073	0.075	0.184	0.028	—	—	—	0.030	—	—
26	350t以内50m龙门式起重机	台班	8009074	—	0.244	—	—	—	—	—	—	—

续前页

单位：10t

顺序号	项目	单位	代号	钢箱梁加工	钢塔加工	钢锚箱加工	钢箱拱肋加工	钢桁梁加工	钢工字组合梁加工	箱形组合梁加工	钢底板波形钢腹板组合梁加工	混凝土底板波形钢腹板组合梁加工
				1	2	3	4	5	6	7	8	9
27	5t以内内燃叉车	台班	8009123	—	0.132	—	—	0.045	—	—	—	—
28	10t以内内燃叉车	台班	8009125	—	—	—	0.361	—	0.467	—	—	—
29	直流焊机功率32kW以内	台班	8015035	—	—	—	—	—	—	—	0.250	0.250
30	100mm半自动切割机	台班	8015042	1.302	—	—	—	0.495	—	—	—	—
31	钢板校平机	台班	8016006	0.069	0.094	0.094	0.679	0.084	0.430	0.098	—	—
32	钢板预处理线	台班	8016007	0.074	0.082	0.105	0.116	0.084	0.077	0.114	0.080	0.080
33	数控划线号料机	台班	8016008	—	0.410	—	0.395	—	—	—	—	—
34	10kW以内数控火焰切割机	台班	8016009	0.121	0.565	3.051	0.925	0.389	0.679	0.222	—	—
35	门式多头火焰切割机	台班	8016010	0.195	—	—	—	—	—	0.572	—	—
36	120kW以内数控等离子火焰切割机	台班	8016011	0.203	1.017	—	0.880	0.179	0.320	0.294	0.720	0.720
37	105kW以内数控坡口成型机	台班	8016015	—	—	—	—	0.171	—	—	—	—
38	板肋装配机	台班	8016016	—	1.276	—	—	—	—	—	—	—
39	压点可移动油压矫正机	台班	8016019	—	1.200	—	—	—	—	0.446	—	—
40	单侧铣边机	台班	8016021	—	—	—	0.757	—	—	—	—	—
41	U肋多头门式自动焊机	台班	8016023	0.145	—	—	—	0.275	—	—	—	—

续前页 单位：10t

顺序号	项目	单位	代号	钢箱梁加工	钢塔加工	钢锚箱加工	钢箱拱肋加工	钢桁梁加工	钢工字组合梁加工	箱形组合梁加工	钢底板波形钢腹板组合梁加工	混凝土底板波形钢腹板组合梁加工
				1	2	3	4	5	6	7	8	9
42	U肋板单元机械滚压矫正机	台班	8016024	0.120	—	—	—	—	—	—	—	—
43	卷板机	台班	8016025	—	—	—	—	—	—	—	0.240	0.240
44	300t以内液压升降平板车	台班	8016027	0.051	0.080	0.107	—	0.131	—	0.031	—	—
45	25t以内电动平车	台班	8016029	—	—	—	—	0.134	0.409	—	—	0.040
46	60t以内电动平车	台班	8016030	—	—	—	—	—	—	—	0.040	—
47	剪板机	台班	8016031	—	—	—	—	0.307	—	—	—	—
48	数控折弯机	台班	8016032	0.191	—	—	—	—	—	—	—	—
49	斜面铣床	台班	8016033	0.138	—	—	0.810	—	—	—	—	—
50	85kW以内双面双边同步坡口机	台班	8016034	0.133	1.103	—	—	—	—	—	—	—
51	20m双边铣床	台班	8016036	0.433	—	—	0.857	0.147	0.766	—	—	—
52	500t调直机	台班	8016037	0.368	—	—	—	—	—	—	—	—
53	手持式全自动倒棱设备	台班	8016038	0.686	0.758	—	—	—	—	—	—	—
54	数控平面钻床	台班	8016039	0.163	0.658	—	0.722	0.306	0.582	0.167	—	—
55	轨道式摇臂钻床	台班	8016040	0.499	0.253	0.252	—	0.243	0.484	0.568	—	—
56	U肋板单元自动组装定位机床	台班	8016041	0.105	—	—	—	0.185	—	—	—	—

续前页
单位:10t

顺序号	项目	单位	代号	钢箱梁加工	钢塔加工	钢锚箱加工	钢箱拱肋加工	钢桁梁加工	钢工字组合梁加工	箱形组合梁加工	钢底板波形钢腹板组合梁加工	混凝土底板波形钢腹板组合梁加工
				1	2	3	4	5	6	7	8	9
57	板式自动组装定位机床	台班	8016042	0.067	—	—	—	—	—	0.203	—	—
58	龙门焊接专机四焊臂	台班	8016043	0.079	1.062	—	—	0.184	—	—	—	—
59	板肋自动焊接系统	台班	8016045	0.231	0.391	—	—	—	—	0.343	—	—
60	数显卧式铣镗床	台班	8016046	—	0.473	4.311	—	—	—	—	—	—
61	龙门刨床	台班	8016047	—	—	1.927	0.830	0.279	0.349	—	—	—
62	重型高速精密车床	台班	8016048	—	—	0.116	0.803	—	0.582	—	—	—
63	卧式镗床	台班	8016049	—	—	2.839	—	—	—	—	—	—
64	300t 钢板弯顶机	台班	8016050	—	—	—	0.234	0.353	0.353	0.043	—	—
65	单头焊接小车	台班	8016051	—	4.732	—	—	—	—	—	—	—
66	500A 以内 CO_2 保护焊机	台班	8016052	11.299	4.580	12.946	5.957	3.069	2.606	—	16.350	5.940
67	1 600A 以内自动埋弧焊机	台班	8016053	1.593	1.389	1.313	1.799	1.255	0.591	2.107	0.590	0.250
68	300A 以内 CO_2 保护焊机	台班	8016054	—	0.566	1.429	2.410	—	1.019	8.892	—	—
69	工型矫正机	台班	8016055	—	—	—	—	—	0.879	—	—	—
70	25t 以内通用桥式起重机	台班	8016058	3.177	2.144	1.220	2.473	0.158	0.632	0.081	4.330	4.330
71	35t 以内通用桥式起重机	台班	8016059	—	—	—	—	0.124	—	—	—	—

续前页

单位:10t

顺序号	项目	单位	代号	钢箱梁加工	钢塔加工	钢锚箱加工	钢箱拱肋加工	钢桁梁加工	钢工字组合梁加工	箱形组合梁加工	钢底板波形钢腹板组合梁加工	混凝土底板波形钢腹板组合梁加工
				1	2	3	4	5	6	7	8	9
72	50t 以内通用桥式起重机	台班	8016060	—	—	—	—	0.065	—	0.778	—	—
73	800t 以内压力机	台班	8016061	—	—	—	0.422	0.307	—	—	—	—
74	5 000t 以内压力机	台班	8016062	—	—	—	—	—	—	—	0.370	0.407
75	55kW 以内除尘打磨机	台班	8016063	—	—	—	—	0.449	0.631	—	2.910	2.910
76	800t 以内门式起重机	台班	8016064	—	—	—	—	0.059	—	—	—	—
77	600t 以内双梁双钩门式起重机	台班	8016065	—	—	—	—	0.025	—	—	—	—
78	6m³/min 以内电动空气压缩机	台班	8017043	—	—	—	0.955	0.168	—	—	—	—
79	10m³/min 以内电动空气压缩机	台班	8017044	1.563	0.318	0.724	—	0.040	—	0.728	1.630	1.630
80	小型机具使用费	元	8099001	851.0	899.3	886.2	929.3	858.1	682.0	917.4	890.0	590.0
81	基价	元	9999001	65 337	80 200	71 927	70 076	61 410	57 456	61 691	65 933	58 803

注:表中钢底板波纹钢腹板组合梁加工定额包含底板、隔板及顶腹板加工内容;混凝土底板波纹钢腹板组合梁加工定额中未包含混凝土底板内容。

1-1-2 剪力钉安装

工程内容 1)清理、打磨焊接点、划线;2)试焊、施焊。

单位:100套

顺序号	项 目	单位	代 号	剪力钉安装
				1
1	人工	工日	1001001	0.4
2	剪力钉	套	2010005	101
3	其他材料费	元	7801001	1.1
4	手持式砂轮机	台班	8011084	0.050
5	螺柱焊机	台班	8016068	0.085
6	基价	元	9999001	565

第二节 钢结构涂装

说　　明

1. 本节定额包括钢结构表面除锈、钢结构车间涂装、钢结构现场涂装、钢结构电弧金属喷涂等项目。

2. 钢结构表面除锈包括车间二次喷砂除锈和钢桥面抛丸除锈,车间二次喷砂除锈是指钢结构单元板件(或节段块件)完成制作后,在喷砂车间进行的钢结构内、外表面喷砂除锈作业,定额中不包含钢结构运至喷砂车间内及运出等相关作业内容。钢桥面抛丸除锈是指按照设计要求,在桥位现场施工的钢桥面抛丸除锈作业。

3. 车间涂装定额按照高压无气喷涂工艺编制,定额中不包含钢结构由喷砂车间运至涂装车间、涂装完成后由涂装车间运至存放场地等相关作业内容。

4. 钢结构现场面漆涂装,是指按照设计要求,在桥位现场进行的桥梁钢结构外表面最后一道面漆施工,定额是按照在桥梁检查车上或已存在的梁底工作平台上完成高压无气喷涂作业编制,如现场施工条件限制,需要登高机械或搭设施工支架及平台,应按照有关定额另行计算费用。

5. 钢桥面底漆涂装,是指钢梁现场吊装就位后,桥面铺装施工前,按照设计要求进行的钢桥面底漆涂装,按照高压无气喷涂工艺编制定额。

6. 电弧金属喷涂包括电弧喷铝涂装和电弧喷锌涂装,按照在车间喷涂作业编制定额。

7. 定额中涂料、稀释剂的消耗量为暂估数量,套用定额时,可根据设计涂层厚度及涂料品种,按如下公式计算涂料及稀释剂的定额消耗量:

$$涂料消耗量(L) = [A \times \delta / (C \times 1\,000)] \times (1 + SR)$$

式中:A——设计涂层面积(m^2);

δ——设计涂层干膜厚度(μm);

C——涂料体积固体含量(%);

SR——涂料损耗率(%),车间喷涂涂料损耗率按照80%计算,现场喷涂涂料损耗率按照100%计算。

稀释剂的消耗量(L) = 涂料消耗量(升) × (10% ~ 15%)

或参照下表相关参数,换算涂料及稀释剂的定额消耗量:

常用涂料定额消耗量(高压无气喷涂)**计算参数**(不含损耗)

序号	油漆种类	单位	材料消耗量(干膜厚度50μm)	
			涂料	稀释剂
			100m^2·道	
1	环氧富锌底漆	kg	20.08	1.05
2	无机富锌底漆	kg	19.02	0.97
3	无机硅酸锌车间底漆	kg	23.39	2.28
4	环氧磷酸锌底漆	kg	10.81	0.86
5	环氧耐磨漆	kg	9.07	0.85
6	环氧云铁中间漆	kg	10.06	0.80
7	脂肪族聚氨酯面漆	kg	11.27	1.01
8	氟碳面漆	kg	11.52	0.97
9	环氧玻璃鳞片漆	kg	9.00	0.85

8. 工程量计算规则:

钢结构表面除锈及涂装的工程量按照钢结构表面设计面积计算。

1-2-1 钢结构表面除锈

工程内容 车间二次喷砂除锈:1)表面去污、清洁;2)喷砂除锈;3)吸砂、除尘;4)现场清理。
钢桥面抛丸除锈:1)表面去污、清洁;2)运料、抛丸;3)检查;4)废料处理、现场清理。

单位:100m²

顺序号	项目	单位	代号	车间二次喷砂除锈 1	钢桥面抛丸除锈 2
1	人工	工日	1001001	4.4	4.5
2	钢砂	kg	2003041	111.1	—
3	钢丸	t	2003042	—	0.142
4	其他材料费	元	7801001	54.2	288.5
5	8t以内载货汽车	台班	8007006	—	0.075
6	6 000L以内洒水车	台班	8007041	—	0.009
7	3t以内内燃叉车	台班	8009121	—	0.080
8	滤筒除尘系统	台班	8016002	0.226	—
9	真空吸砂机	台班	8016005	0.482	—
10	3m³/min以内喷砂除锈机	台班	8016026	0.576	—

续前页

单位:100m²

顺序号	项 目	单位	代 号	车间二次喷砂除锈 1	钢桥面抛丸除锈 2
11	全自动车载抛丸机	台班	8016057	—	0.452
12	0.8m 多功能自回收式抛丸机	台班	8016066	—	0.034
13	20m³/min 以内电动空气压缩机	台班	8017045	0.448	—
14	40m³/min 以内电动空气压缩机	台班	8017046	0.242	—
15	12m³/min 以内机动空气压缩机	台班	8017050	—	0.197
16	小型机具使用费	元	8099001	61.9	190.0
17	基价	元	9999001	1976	4742

注:本定额按照除锈等级 Sa2.5 级编制,如设计为 Sa3.0 级,定额消耗量按照乘以系数 1.1 进行调整。

1-2-2 钢结构表面涂装

工程内容 车间涂装:1)表面清洁;2)涂料配制;3)焊缝部位打磨及修补;4)喷涂;5)检查修补。
现场涂装:1)表面清洁;2)涂料配制;3)焊缝部位打磨及修补;4)喷涂;5)检查修补。
电弧金属喷涂:1)表面清洁;2)运料、脱脂;3)焊缝部位打磨及修补;4)喷涂;5)检查修补。

单位:表列单位

顺序号	项目	单位	代号	车间涂装			现场涂装				电弧金属喷涂	
				车间底漆	车间中间漆	车间面漆	钢箱节段现场面漆	钢工字梁现场面漆	钢桁梁现场面漆	钢桥面底漆	电弧喷铝	电弧喷锌
				100m²·道							100m²	
				1	2	3	4	5	6	7	8	9
1	人工	工日	1001001	0.9	0.8	1.4	3.0	3.8	4.7	2.2	19.5	24.4
2	铝丝	kg	2007003	—	—	—	—	—	—	—	75.0	—
3	锌丝	kg	2007004	—	—	—	—	—	—	—	—	198.8
4	无机富锌漆	kg	5009001	34.3	—	—	—	—	—	—	—	—
5	环氧富锌底漆	kg	5009024	—	—	—	—	—	—	64.3	—	—
6	环氧中间漆	kg	5009025	—	36.2	—	—	—	—	—	—	—
7	氟碳面漆	kg	5009026	—	—	16.6	18.5	19.6	20.5	—	—	—
8	稀释剂	kg	5010002	1.8	2.9	1.4	1.5	1.6	1.7	3.4	—	—
9	其他材料费	元	7801001	40.0	40.0	40.0	42.0	42.0	42.0	77.0	122.5	135.3

续前页

单位:表列单位

顺序号	项目	单位	代号	车间涂装			现场涂装				电弧金属喷涂	
				车间底漆	车间中间漆	车间面漆	钢箱节段现场面漆	钢工字梁现场面漆	钢桁梁现场面漆	钢桥面底漆	电弧喷铝	电弧喷锌
				100m²·道							100m²	
				1	2	3	4	5	6	7	8	9
10	0.5m³以内轮胎式装载机	台班	8001044	—	—	—	—	0.100	0.10	—	—	—
11	5t以内载货汽车	台班	8007004	—	—	—	0.010	—	—	0.018	—	—
12	3t以内内燃叉车	台班	8009121	—	—	—	0.014	—	—	0.020	—	—
13	除湿设备	台班	8016001	0.046	0.042	0.074	—	—	—	—	1.040	1.196
14	滤筒除尘系统	台班	8016002	—	—	—	—	—	—	—	1.040	1.196
15	高压无气喷涂设备	台班	8016003	0.202	0.181	0.322	0.329	0.413	0.516	0.266	—	—
16	除漆雾设备	台班	8016004	0.049	0.044	0.078	—	—	—	—	—	—
17	电弧喷涂机	台班	8016067	—	—	—	—	—	—	—	3.166	3.641
18	20m³/min以内电动空气压缩机	台班	8017045	0.039	0.035	0.062	—	0.236	0.283	—	1.804	2.255
19	40m³/min以内电动空气压缩机	台班	8017046	—	—	—	0.110	—	—	0.095	—	—
20	小型机具使用费	元	8099001	38.0	38.0	38.0	15.0	15.0	15.0	15.0	176.0	176.0
21	基价	元	9999001	1 716	966	1 426	1 717	1 896	2 088	3 577	6 369	9 156

注:1. 本定额除涂装主材(涂料、稀释剂、铝丝及锌丝)消耗量可按设计涂装方案进行抽换或换算调整外,其余定额消耗量不得因设计涂装方案变化进行调整。

2. 表中涂料、稀释剂、铝丝及锌丝的消耗量按照暂定涂装厚度计算,其中:车间底漆50μm、车间中间漆100μm、车间面漆40μm、钢梁现场面漆40μm、钢桥面底漆80μm,金属涂装150μm,定额套用时,可根据设计的涂装厚度及涂料种类进行计算,对定额消耗量进行调整。

第二章 桥梁钢结构运输

说 明

1. 本章定额包括钢结构节段场外运输、钢结构大节段场内运输项目。
2. 本章定额未包括临时轨道、临时码头、临时栈桥等临时工程的费用,需要时按有关定额另行计算。
3. 钢结构节段场外运输,是指将桥梁钢结构节段从加工基地存放场运输至施工现场的作业过程。
4. 钢结构大节段场内运输,是指按照设计要求,将桥梁钢结构节段在总拼场拼装成大节段后,运至桥位现场工点的作业过程,包括场内水上运输及场内陆上运输,钢结构大节段场内陆上运输定额未考虑运输轨道的费用,需要时套用《公路工程预算定额》(JGT/T 3832—2018)另行计算。

第一节 钢结构节段场外运输

说 明

1. 本节定额包括钢结构节段场外公路运输、场外海上运输项目。

2. 钢结构节段场外公路运输定额，运距不足第一个10km者，按10km计，超过第一个定额运距单位时，其运距尾数不足一个增运定额单位的半数时不计，等于或超过半数时，按一个定额运距单位计算。运距超出100km部分按增运距定额乘以系数0.8计算，全程按分段累加法计价。

本定额未包含过路、过桥等费用，未包括道路限载（限高）而发生的加固、拓宽等费用及需要公安交通管理部门加派保安护送的费用。

3. 钢结构节段场外海上运输定额，运距不足第一个5km者，按5km计，超过第一个定额运距单位时，其运距尾数不足一个增运定额单位的半数时不计，等于或超过半数时，按一个定额运距单位计算。运距超出200km部分按增运距定额乘以系数0.8计算，全程按分段累加法计价。

本定额不包含现场临时航运保障及配合费、航道疏浚费、航道海事费等费用。

4. 工程量计算规则：

钢结构节段场外运输的工程量，按照钢构件节段的总质量计算。

2-1-1 钢结构节段场外公路运输※

工程内容 第一个10km:1)等待装卸、挂钩、起吊、装车、固定构件;2)运走、卸车;3)空回。
每增运1km:公路运输及空回。

单位:10t

顺序号	项 目	单位	代 号	公路运输第一个10km	每增运1km
				1	2
1	人工	工日	1001001	1.9	—
2	铁件	kg	2009028	1.58	—
3	锯材	m³	4003002	0.3	—
4	其他材料费	元	7801001	8.5	—
5	50t以内平板拖车组	台班	8007027	0.310	0.005
6	80t以内龙门式起重机	台班	8009070	0.210	—
7	小型机具使用费	元	8099001	9.5	—
8	基价	元	9999001	1 415	8

2-1-2 钢结构节段场外海上运输※

工程内容 第一个5km:1)施工准备、起重机吊运、装船;2)水上运输;3)等待、卸船完毕空回。
每增运1km:海上运输及空回。

单位:100t

顺序号	项 目	单位	代 号	海上运输第一个5km 1	每增运1km 2
1	人工	工日	1001001	2.5	—
2	钢丝绳	t	2001019	0.018	—
3	其他材料费	元	7801001	62.6	—
4	800t以内龙门式起重机	台班	8016064	0.117	—
5	2 000t以内自航式工程驳船	台班	8020007	0.622	0.007
6	522kW以内抛锚船	台班	8019061	0.289	—
7	基价	元	9999001	8 599	70

注:内河水上运输按照表中消耗量乘以系数0.85计算。

第二节 钢结构大节段场内运输

说　　明

1. 本节定额包括钢结构大节段水上运输、钢结构大节段轨道运输项目。
2. 钢结构大节段水上运输定额,运距不足第一个 5km 者,按 5km 计,超过第一个定额运距单位时,其运距尾数不足一个增运定额单位的半数时不计,等于或超过半数时,按一个定额运距单位计算。
3. 钢结构大节段轨道运输定额,运距不足第一个 500m 者,按 500m 计,其运距尾数不足一个增运定额单位的半数时不计,等于或超过半数时,按一个增运定额运距单位计算。
4. 钢结构大节段水上运输定额,不包含现场临时航运保障及配合费、航道疏浚费、航道海事费等费用。
5. 工程量计算规则:钢结构大节段场内运输的工程量按钢构件的总质量计算。

2－2－1 钢结构大节段水上运输※

工程内容 运架一体船运输:1)运架一体船取钢梁;2)运架一体船水上运输,空回。
　　　　　钢梁滚装装船、驳船运输:1)钢梁滚装装船;2)水上运输,空回;3)钢梁卸船。

单位:1 000t

顺序号	项 目	单位	代 号	水上运输			
				运架一体船运输		钢梁滚装装船、驳船运输	
				第一个5km	每增运1km	第一个5km	每增运1km
				1	2	3	4
1	人工	工日	1001001	1.6	—	1.8	—
2	型钢	t	2003004	—	—	10.578	—
3	模块小车	台班	8008002	—	—	71.78	—
4	25t以内汽车式起重机	台班	8009030	—	—	0.16	—
5	5t以内内燃叉车	台班	8009123	—	—	0.16	—
6	522kW以内抛锚船	台班	8019061	0.49	—	0.37	—
7	17 000t以内自航式工程驳船	台班	8020008	—	—	0.58	0.03
8	3 600kW以内运架一体船	台班	8020021	0.52	0.02	—	—
9	基价	元	9999001	109 429	4 099	78 657	1 348

2-2-2 钢结构大节段轨道运输

工程内容 1)挂钩、起吊、装车、固定构件;2)等待装卸;3)运走、掉头及空回。

单位:100t

顺序号	项目	单位	代号	轨道运输	
				第一个500m	每增运100m
				1	2
1	人工	工日	1001001	1.8	0.3
2	铁件	kg	2009028	3.5	—
3	锯材	m³	4003002	0.03	—
4	其他材料费	元	7801001	26.0	—
5	电动轨道运梁车	台班	8008001	0.67	0.12
6	80kN以内单筒慢动电动卷扬机	台班	8009082	0.49	—
7	小型机具使用费	元	8099001	67.5	16.0
8	基价	元	9999001	541	64

注:本定额未考虑运输轨道的费用,使用时按有关定额另行计算。

第三章 桥梁钢结构安装

说 明

1. 本章定额包括钢结构工地连接、钢工字组合梁安装、钢箱形组合梁安装、钢桁梁安装、钢塔安装、钢箱梁安装及缆索吊装设备等项目。

2. 本章定额中使用的塔式起重机，除钢塔安装定额已计塔式起重机使用费外，其余均未计，需根据施工组织设计，另行计算其安、拆及使用费。

3. 本章定额中凡采用金属吊装设备安装的项目，均未包括金属吊装设备的安装、拆除和设备摊销费用，应按有关定额另行计算。

第一节　钢结构工地连接

说　　明

1. 本节定额包括钢结构工地连接项目。
2. 本节定额适用于工地现场施焊或栓接的桥梁钢结构节段连接。
3. 本节定额未包括栓(焊)接时支架施工平台的费用,需要时另行计算。
4. 焊接定额按焊接断面面积 $A=578.5\text{mm}^2$ 编制,当实际焊接断面面积与定额不同时,可按断面面积之比调整焊材数量。其调整公式如下:

$$C_i = C_d \times A_i / A_d$$

式中：C_i——按设计焊接断面面积计算的焊材数量(kg);

　　　C_d——定额焊材消耗量(kg);

　　　A_i——设计焊接断面面积(mm^2);

　　　A_d——定额焊接断面面积(mm^2)。

5. 栓接定额按高强螺栓设计总量控制,当规格不同时,可根据实际调整。
6. 工程量计算规则:

(1)栓接的工程量按高强螺栓的数量计算。

(2)焊接的工程量按设计提出的焊接长度计算。

3-1-1 钢结构工地连接

工程内容 栓接:1)准备工作,杆件限位、固定;2)高强螺栓施拧、检查。
　　　　　焊接:1)杆件限位固定、切割;2)打磨、除锈、清理干净;3)焊接、除渣;4)焊缝检测。

单位:表列单位

顺序号	项目	单位	代号	栓接 1000套	焊接 10m
				1	2
1	人工	工日	1001001	4.2	14.6
2	高强螺栓	套	2009047	1 020	—
3	药芯焊丝	kg	2010002	—	104.0
4	其他材料费	元	7801001	107.0	63.5
5	80kN以内单筒慢动电动卷扬机	台班	8009082	0.67	—
6	半自动切割机(厚度100mm)	台班	8015042	—	0.69
7	500A以内CO_2保护焊机	台班	8016052	—	8.21
8	轴力仪	台班	8022001	1.39	—
9	小型机具使用费	元	8099001	22.0	7.5
10	基价	元	9999001	17 077	4 368

注:1.焊接定额中,当实际焊接断面面积与定额不同时,可按断面面积之比调整焊材数量。
　　2.斜拉桥的钢箱节段焊接的人工和机械定额消耗量乘以系数1.2。

第二节　钢工字组合梁安装

说　　明

1. 本节定额包括钢工字组合梁安装项目。
2. 本节定额未包括架桥机的费用,使用时按有关定额另行计算。
3. 本节定额均未包括钢梁运输至现场的费用,使用时按有关定额另行计算。
4. 汽车式起重机安装定额适用于陆地、跨线桥,且墩高 20m 以内的梁桥;墩高超过 20m 的梁桥可采用架桥机安装定额或套用其他有关定额计算。
5. 工程量计算规则:安装的工程量按钢工字组合梁的架设总质量计算,包括钢主梁(上翼缘板、腹板、腹板加劲肋、底板及横肋)、小纵梁、横梁,以及焊件等的质量。

3-2-1 钢工字组合梁

工程内容 双梁式架桥机:1)桥机下挂吊具连接钢梁,起吊钢梁,平移,落梁就位;2)连接板处打冲钉,栓(焊)接,固定;3)桥机过孔移位。

汽车式起重机:1)起重机下挂吊具连接钢梁,起吊钢梁,平移,落梁就位;2)连接板处打冲钉,栓(焊)接,固定;3)起重机配重、移位。

单位:10t

顺序号	项目	单位	代号	安装			
				双梁式架桥机		汽车式起重机	
				跨径(m)			
				30以内	50以内	30以内	50以内
				1	2	3	4
1	人工	工日	1001001	2.0	1.6	1.2	1.0
2	钢丝绳	t	2001019	0.003	0.003	0.003	0.003
3	高强螺栓	套	2009047	41	41	41	41
4	药芯焊丝	kg	2010002	1.3	1.3	1.3	1.3
5	其他材料费	元	7801001	32.8	29.1	37.1	30.3
6	120t以内平板拖车组	台班	8007031	—	—	—	0.01
7	200t以内平板拖车组	台班	8007033	—	—	0.01	—
8	200t以内汽车起重机	台班	8009043	—	—	—	0.19
9	350t以内汽车起重机	台班	8009044	—	—	0.11	—

续前页

单位:10t

顺序号	项目	单位	代号	安装			
				双梁式架桥机		汽车式起重机	
				跨径(m)			
				30 以内	50 以内	30 以内	50 以内
				1	2	3	4
10	50kN 以内单筒慢动电动卷扬机	台班	8009081	0.90	0.68	—	—
11	80kN 以内单筒慢动电动卷扬机	台班	8009082	0.74	0.57	—	—
12	500A 以内 CO_2 保护焊机	台班	8016052	0.14	0.14	0.14	0.14
13	小型机具使用费	元	8099001	4.0	3.4	3.5	3.2
14	基价	元	9999001	1 270	1 149	3 145	3 015

注:汽车式起重机安装 50m 以内钢梁采用抬吊法施工。

第三节　钢箱型组合梁安装

说　　明

1. 本节定额包括钢箱形组合梁、波形钢腹板梁安装项目。
2. 本节定额均未包括架桥机、塔式起重机的费用,使用时按有关定额另行计算。
3. 本节定额均未包括钢梁运输至现场的费用,使用时按有关定额另行计算。
4. 汽车式起重机安装定额适用于陆地、跨线桥,且墩高 20m 以内的桥梁;墩高超过 20m 的梁桥可采用架桥机安装定额或其他有关定额计算。
5. 卷扬机安装波形钢腹板梁定额适用于挂篮施工的箱形梁桥。
6. 工程量计算规则:
(1)钢箱形组合梁安装的工程量按钢箱形组合梁的架设总质量计算,包括底板、腹板、横隔板(横梁)和加劲肋,以及焊件等的质量。
(2)波形钢腹板梁安装的工程量按钢腹板梁的架设总质量计算,包括波形钢腹板梁及焊件等的质量。

3-3-1 钢箱形组合梁

工程内容 双梁式架桥机:1)桥机下挂吊具连接钢梁,起吊钢梁,平移,落梁就位;2)连接板处打冲钉,栓(焊)接,固定;3)桥机过孔移位。

汽车式起重机:1)起重机下挂吊具连接钢梁,起吊钢梁,平移,落梁就位;2)连接板处打冲钉,栓(焊)接,固定;3)起重机配重、移位。

单位:10t

顺序号	项目	单位	代号	安装			
				双梁式架桥机		汽车式起重机	
				跨径(m)			
				30以内	50以内	30以内	50以内
				1	2	3	4
1	人工	工日	1001001	1.7	1.3	0.9	0.8
2	钢丝绳	t	2001019	0.003	0.003	0.003	0.003
3	高强螺栓	套	2009047	47	47	47	47
4	药芯焊丝	kg	2010002	0.6	0.6	0.6	0.6
5	其他材料费	元	7801001	34.0	28.0	32.8	30.0
6	120t以内平板拖车组	台班	8007031	—	—	—	0.01
7	200t以内平板拖车组	台班	8007033	—	—	0.01	—
8	200t以内汽车起重机	台班	8009043	—	—	—	0.20
9	350t以内汽车起重机	台班	8009044	—	—	0.12	—

续前页

单位:10t

顺序号	项目	单位	代号	安装			
				双梁式架桥机		汽车式起重机	
				跨径(m)			
				30 以内	50 以内	30 以内	50 以内
				1	2	3	4
10	50kN 以内单筒慢动电动卷扬机	台班	8009081	0.98	0.77	—	—
11	80kN 以内单筒慢动电动卷扬机	台班	8009082	0.79	0.62	—	—
12	500A 以内 CO_2 保护焊机	台班	8016052	0.05	0.05	0.05	0.05
13	小型机具使用费	元	8099001	4.2	3.6	3.2	2.8
14	基价	元	9999001	1 334	1 212	3 380	3 175

注:汽车式起重机安装 50m 以内钢梁采用抬吊法施工。

3–3–2 波形钢腹板梁※

工程内容 1)准备就位,起吊;2)安装、定位、螺栓固定、焊接。

单位:10t

顺序号	项 目	单位	代 号	安装			
				汽车式起重机	塔式起重机	卷扬机	架桥机
				1	2	3	4
1	人工	工日	1001001	5.8	5.4	6.1	3.2
2	钢丝绳	t	2001019	0.003	0.003	0.003	0.12
3	型钢	t	2003004	0.032	0.053	0.106	—
4	Q345钢板	t	2004001	—	—	—	0.250
5	高强螺栓	套	2009047	20	20	20	—
6	药芯焊丝	kg	2010002	0.9	0.8	1.0	3.5
7	枕木	m³	4003003	—	—	—	0.15
8	其他材料费	元	7801001	59.4	57.5	65.1	306.2
9	40t以内汽车式起重机	台班	8009032	1.71	—	—	—
10	50kN以内单筒慢动电动卷扬机	台班	8009081	—	—	2.29	—
11	32kW以内直流电弧焊机	台班	8015035	—	—	—	0.44
12	500A以内CO_2保护焊机	台班	8016052	0.08	0.07	0.09	0.22
13	10m³/min以内电动空气压缩机	台班	8017044	—	—	—	0.25
14	123kW以内机动艇	台班	8019062	—	—	2.01	—
15	小型机具使用费	元	8099001	6.2	2.6	22.9	23.6
16	基价	元	9999001	4 958	1 176	4 512	2 802

第四节　钢桁梁安装

说　　明

1. 本节定额包括钢桁梁安装项目。
2. 本节定额适用于跨缆吊机施工的钢桁加劲梁悬索桥,如采用其他方法施工,应按有关定额另行计算。
3. 工程量计算规则:安装的工程量按钢桁梁的架设总质量计算,包括钢桁、钢纵横梁、连接杆件,以及焊件等的质量。

3-4-1 钢 桁 梁

工程内容 1)吊具下放与钢桁梁连接,吊鞍移位并固定;2)垂直提升钢桁梁完成体系转换,挂梁、装垫板并精确定位,配合钢桁梁栓接,永久吊索钢桁梁销接;3)跨缆吊机移位。

单位:10t

顺序号	项 目	单位	代 号	安装
				跨缆吊机
				1
1	人工	工日	1001001	2.9
2	钢丝绳	t	2001019	0.348
3	型钢	t	2003004	0.005
4	钢板	t	2003005	0.016
5	高强螺栓	套	2009047	76
6	药芯焊丝	kg	2010002	3.7
7	其他材料费	元	7801001	129.2
8	25t以内汽车式起重机	台班	8009030	0.10
9	跨缆吊机	台班	8009075	0.15
10	50kN以内单筒慢动电动卷扬机	台班	8009081	0.16
11	80kN以内单筒慢动电动卷扬机	台班	8009082	0.23
12	100kN以内单筒慢动电动卷扬机	台班	8009083	0.23
13	500A以内CO_2保护焊机	台班	8016052	0.27
14	小型机具使用费	元	8099001	23.3
15	基价	元	9999001	4 850

第五节 钢塔安装

说 明

1. 本节定额包括钢塔安装项目。
2. 塔式起重机安装定额中已包含塔式起重机的使用费用,未考虑塔式起重机的安、拆费用,使用时按有关定额另行计算。
3. 起重船安装钢塔的定额,适用于钢塔高度 50m 以内的下塔柱的吊装。
4. 工程量计算规则:安装的工程量按钢塔的架设总质量计算,包括钢塔柱、横梁、加劲肋、拼接板,以及焊件等的质量。

3-5-1 钢 塔※

工程内容 1)吊具下放,连接钢塔;2)起吊,角度调整,安装就位;3)拼接板固定。

单位:10t

顺序号	项 目	单位	代 号	安装	
				塔式起重机	起重船
				1	2
1	人工	工日	1001001	4.9	6.7
2	钢丝绳	t	2001019	0.068	0.069
3	型钢	t	2003004	—	0.021
4	电焊条	kg	2009011	2.3	2.5
5	高强螺栓	套	2009047	66	73
6	其他材料费	元	7801001	43.5	42.0
7	3 600t·m 塔式起重机	台班	8010001	0.14	—
8	42kV·A 以内交流电弧焊机	台班	8015029	0.28	0.32
9	88kW 以内内燃拖轮	台班	8019002	0.08	0.08
10	1 441kW 以内内燃拖轮	台班	8019013	0.04	0.04
11	400t 以内工程驳船	台班	8019025	0.05	0.05
12	200t 以内固定扒杆起重船	台班	8019050	0.04	0.04
13	240kW 以内抛锚船	台班	8019059	0.04	0.04

续前页 单位:10t

顺序号	项目	单位	代号	安装 塔式起重机	安装 起重船
				1	2
14	1 200t 以内起重船	台班	8020012	—	0.10
15	小型机具使用费	元	8099001	39.9	49.3
16	基价	元	9999001	14 267	13 327

注:1.本定额已考虑高空作业人员的施工降效,不得调整高空作业系数。

2.塔式起重机安装定额中,钢塔高度变化时,塔式起重机台班数量调整系数如下表所示。

塔高(m)	塔式起重机台班调整系数
50 以内	1.0
100 以内	1.05
150 以内	1.07
200 以内	1.09
200 以上	1.10

第六节　钢箱梁安装

说　　明

1. 本节定额包括钢箱梁安装项目。
2. 钢箱梁缆索吊安装定额适用于单块件质量 70t 以上且 250t 以内的钢箱梁缆索吊装施工。
3. 钢箱梁起重船和运架一体船安装定额的专用吊具按 4 桥次摊销计算,实际施工不同时可调整。
4. 钢箱梁起重船和运架一体船安装定额按 110m 跨径箱梁编制,适用于满足通航要求的箱梁桥的整孔一次性吊装施工。
5. 双起重船抬吊工法:施工前气象监测,风力小于 6 级,浪高小于 1.5m 时可施工。抛锚定位,双船连接,保持两船相对距离不大于 2m,以及与桥墩安全距离 3~5m,同步控制起吊移船,在起吊过程中分级加载,实时监控并调整钢箱梁两端高差 1.5m 以内,同步落梁就位,千斤顶安拆,完成体系转换。
6. 工程量计算规则:
(1)缆索吊、运架一体船安装的工程量按钢箱梁的架设总质量计算,包括钢箱梁[底板、横隔板(横梁)、内外腹板、加劲肋]、桥面板(包括横肋)、钢锚箱,以及焊件等的质量。
(2)起重船安装的工程量按钢箱梁的架设片数计算。

3-6-1 钢 箱 梁

工程内容 缆索吊安装:1)抛锚定位;2)吊具下放与钢箱梁连接,垂直提升钢箱梁,挂梁,装垫板并精确定位,配合钢梁栓(焊)接;3)跑车移位。
起重船安装:1)抛锚定位;2)吊具安装;3)工作平台装拆,起吊,绞锚对位、角度调整,安装就位;4)千斤顶安拆;5)体系转换。
双起重船抬吊安装:1)抛锚定位,双船连接;2)吊具安装;3)工作平台装拆,分级加载,同步起吊移船,调整,安装就位;4)千斤顶安拆;5)体系转换。
运架一体船安装:1)临时支座安装、拆卸;2)运架一体船就位;3)运架一体船钢梁安装,调梁;4)梁段间焊接,拆除牛腿。

单位:表列单位

顺序号	项目	单位	代号	大节段安装 缆索吊 块件质量(t) 250以内 10t 1
1	人工	工日	1001001	3.2
2	钢丝绳	t	2001019	0.072
3	型钢	t	2003004	0.019
4	高强螺栓	套	2009047	14
5	药芯焊丝	kg	2010002	0.6

续前页

单位:表列单位

顺序号	项 目	单位	代 号	大节段安装 缆索吊 块件质量(t) 250以内 10t
				1
6	其他材料费	元	7801001	41.5
7	200kN以内单筒慢动电动卷扬机	台班	8009084	0.87
8	300kN以内单筒慢动电动卷扬机	台班	8009085	0.40
9	500A以内CO_2保护焊机	台班	8016052	0.04
10	44kW以内内燃拖轮	台班	8019001	0.29
11	2 353kW以内内燃拖轮	台班	8019015	0.04
12	2 000t以内工程驳船	台班	8019031	0.17
13	240kW以内抛锚船	台班	8019059	0.04
14	小型机具使用费	元	8099001	17.2
15	基价	元	9999001	3 382

续前页 单位:表列单位

顺序号	项目	单位	代号	大节段安装		
				起重船		双起重船抬吊
				钢箱梁质量(t)		
				1 500~2 500	2 501~3 000	3 001~4 000
				1 片钢箱梁		
				2	3	4
1	人工	工日	1001001	324.0	426.0	578.5
2	型钢	t	2003004	7.400	3.119	7.844
3	钢板	t	2003005	2.421	2.578	2.566
4	吊具	t	2004004	2.255	2.911	8.531
5	电焊条	kg	2009011	2.8	3.1	4.3
6	其他材料费	元	7801001	732.1	976.3	2 249.7
7	70t 以内履带式起重机	台班	8009009	—	—	9.89
8	100t 以内液压千斤顶	台班	8009150	—	65.95	—
9	200t 以内液压千斤顶	台班	8009151	—	10.99	—
10	300t 以内液压千斤顶	台班	8009152	—	10.99	—
11	1 000t 以内液压千斤顶	台班	8010004	—	21.98	—
12	1 000t 以内三维液压千斤顶调节系统	台班	8010005	27.93	—	34.28
13	42kV·A 以内交流电弧焊机	台班	8015029	0.45	0.52	0.71

续前页
单位:表列单位

顺序号	项目	单位	代号	大节段安装		
				起重船		双起重船抬吊
				钢箱梁质量(t)		
				1 500~2 500	2 501~3 000	3 001~4 000
				1 片钢箱梁		
				2	3	4
14	1 228kW 以内拖轮	台班	8019012	2.59	—	3.59
15	2 353kW 以内拖轮	台班	8019015	—	2.40	—
16	2 942kW 以内拖轮	台班	8019017	2.59	2.40	3.59
17	3 000t 以内工程驳船	台班	8019032	—	8.09	—
18	180t 以内旋转扒杆起重船	台班	8019045	7.89	—	10.78
19	2 205kW 以内拖轮	台班	8020001	2.69	—	3.59
20	2 646kW 以内拖轮	台班	8020002	2.69	—	3.59
21	3 675kW 以内拖轮	台班	8020003	—	2.40	—
22	4 410kW 以内拖轮	台班	8020004	—	3.59	—
23	1 200t 以内自航式工程驳船	台班	8020005	2.59	—	10.78
24	1 800t 以内自航式工程驳船	台班	8020006	—	—	10.78
25	2 000t 以内自航式工程驳船	台班	8020007	—	—	7.19
26	2 200t 以内固定扒杆起重船	台班	8020009	—	—	4.83

续前页

单位：表列单位

顺序号	项　目	单位	代　号	大节段安装		
				起重船		双起重船抬吊
				钢箱梁质量(t)		
				1 500~2 500	2 501~3 000	3 001~4 000
				1 片钢箱梁		
				2	3	4
27	3 200t 以内固定扒杆起重船	台班	8020010	3.22	—	4.83
28	4 000t 以内固定扒杆起重船	台班	8020011	—	4.05	—
29	436kW 以内抛锚船	台班	8020013	7.89	—	7.19
30	662kW 以内抛锚船	台班	8020014	2.59	—	3.59
31	882kW 以内抛锚船	台班	8020015	2.59	—	3.59
32	1 176kW 以内抛锚船	台班	8020016	—	2.40	—
33	1 470kW 以内抛锚船	台班	8020017	—	2.40	—
34	1 764kW 以内抛锚船	台班	8020018	—	5.99	—
35	235kW 以内机动艇	台班	8020019	—	1.80	—
36	368kW 以内机动艇	台班	8020020	2.59	—	1.80
37	小型机具使用费	元	8099001	2 816.3	3 417.9	5 752.3
38	基价	元	9999001	1 605 996	1 970 288	3 278 551

续前页
单位:表列单位

顺序号	项目	单位	代号	大节段安装 运架一体船 100t 5
1	人工	工日	1001001	6.7
2	型钢	t	2003004	0.055
3	钢板	t	2003005	0.169
4	吊具	t	2004004	0.134
5	电焊丝	kg	2009055	89.4
6	氧气	m^3	3006001	0.3
7	二氧化碳	kg	3006002	0.4
8	乙炔	kg	3006004	0.3
9	其他材料费	元	7801001	41.9
10	50t 以内液压千斤顶	台班	8010002	13.96
11	600t 以内液压千斤顶	台班	8010003	3.49
12	250A 以内 CO_2 保护焊机	台班	8015039	3.10
13	100t 以内旋转扒杆起重船	台班	8019043	0.22
14	522kW 以内抛锚船	台班	8019061	0.09
15	3 600kW 以内运架一体船	台班	8020021	0.24
16	小型机具使用费	元	8099001	395.2
17	基价	元	9999001	57 363

注:钢箱梁质量 3 001~4 000t 起重船安装采用抬吊法施工。

第七节 缆索吊装设备

说　　明

1. 本节定额包括索道项目。
2. 本节定额是按吊装质量 70~250t 块件梁编制的,吊装质量如有不同时,应按有关定额另行计算。
3. 工程量计算规则:索道的工程量按两塔架间的距离计算。

3-7-1 缆索吊装设备

工程内容 1)索道、卷扬机、跑车系统、旋转吊具等设备安装、拆除;2)机具设备擦拭、保养、堆放。

单位:10m 索跨

顺序号	项 目	单位	代 号	索道 块件质量 250t 以内
				1
1	人工	工日	1001001	121.6
2	索道钢丝绳	t	2001034	4.012
3	型钢	t	2003004	0.111
4	其他材料费	元	7801001	640.2
5	25t 以内汽车式起重机	台班	8009030	1.36
6	100kN 以内单筒慢动电动卷扬机	台班	8009083	14.02
7	小型机具使用费	元	8099001	91.6
8	基价	元	9999001	47 018

注:本定额不含场地处理、临时混凝土结构物浇筑、塔顶转索鞍安装等的费用,应根据相关定额另行计算。

附录 A 公路桥梁钢结构工程机械台班费用定额

说　　明

一、《公路桥梁钢结构工程机械台班费用定额》(以下简称"本机械台班定额")是《公路桥梁钢结构工程预算定额》的配套定额。

二、本机械台班定额是根据《建设工程施工机械台班费用编制规则(增值税版)》(2016年)的相关规定,按照《公路工程机械台班费用定额》(JTG/T 3833—2018)的编制原则、方法、费用组成内容,以及技术经济参数等,综合国内主流钢结构加工、涂装及安装企业的实际装备水平编制而成。

三、本机械台班定额中各类机械每台(艘)班均按8h计算。

四、本机械台班定额由以下7项费用组成:

1. 折旧费:指施工机械在规定的耐用总台班内,陆续收回其原值(含智能信息化管理设备费)的费用。

2. 检修费:指施工机械在规定的耐用总台班内,按规定的检修间隔进行必要的检修,以恢复其正常功能所需的费用。

3. 维护费:指施工机械在规定的耐用总台班内,按规定的维护间隔进行各级维护和临时故障排除所需的费用。包括为保障机械正常运转所需替换设备与随机配备工具附具的摊销费用、机械运转及日常维护所需润滑与擦拭的材料费用,以及机械停滞期间的维护费用等。

4. 安拆辅助费:指施工机械在现场进行安装与拆卸所需的人工、材料、机械和试运转费用,以及机械辅助设施的折旧、搭设、拆除等费用。

5.人工费:指随机操作人员的工作日工资(包括工资、各类津贴、补贴、辅助工资、劳动保护费等)。

6.动力燃料费:指机械在运转施工作业中所耗用的电力、固体燃料(煤、木柴)、液体燃料(汽油、柴油、重油)和水等的费用。

7.车船税:指施工机械按照国家、省(自治区、直辖市)规定应缴纳的车船使用税。

五、本机械台班定额中第1~4项费用(折旧费、检修费、维护费、安拆辅助费)为不变费用。编制机械台班单价时,除青海、新疆、西藏等边远地区外,均应直接采用。至于边远地区因机械使用年限差异及维修工资、配件材料等价差较大需要调整不变费用时,可根据具体情况,由各省级交通运输主管部门制定系数并执行。

六、本机械台班定额中第5~7项费用(人工费、动力燃料费、车船税)为可变费用。编制机械台班单价时,人工及动力燃料消耗量应以本定额中的数值为准。人工单价、动力燃料单价按《公路工程建设项目概算预算编制办法》(JTG 3830—2018)的规定计算。

七、机械设备转移费不包括在本机械台班定额中。

八、加油及油料过滤的损耗,以及自发电(变电设备)至机械之间的输电线路的电力损耗,均已包括在本机械台班定额中。

九、本机械台班定额凡注明"××以内"者,均含"××"数本身。定额子目步距起点均由前项开始,如"30以内""60以内""80以内"等,其中"60以内"是指"30以外至60以内","80以内"是指"60以外至80以内"。

十、本机械台班定额的计量单位均执行国家法定计量单位。

十一、本机械台班定额基价的可变费用中的人工费、动力燃料费单价按下表预算价格计算。

项目	工资(工日)	柴油(kg)	电(kW·h)	水(m^3)
预算价格(元)	106.28	7.44	0.85	2.72

十二、本机械台班定额是按公路桥梁钢结构工程中常用的施工机械的规格编制的,规格与之相同或相似的,均应直接采用,本机械台班定额中未包括的机械项目,各省级交通运输主管部门可根据本定额的编制原则和方法编制补充定额。

十三、施工机械台班使用费编制时,除应符合本机械台班费用定额的规定外,尚应符合《公路工程机械台班费用定额》(JTG/T 3833—2018)及行业现行有关标准的规定。

公路桥梁钢结构工程机械台班费用定额

序号			1	2	3	4	5	6	7
代号			8008001	8008002	8010001	8010002	8010003	8010004	8010005
费用项目		单位	电动轨道运梁车	模块小车	塔式起重机	液压千斤顶	液压千斤顶	液压千斤顶	三维液压千斤顶调节系统
			—	—	3 600t·m	50t 以内	600t 以内	1 000t 以内	1 000t 以内
不变费用	折旧费	元	36.38	70.64	53 200.00	4.32	43.20	92.05	1 493.33
	检修费	元	4.50	22.61	6 720.00	3.06	30.60	65.20	1 057.78
	维护费	元	11.25	45.89	14 112.00	9.18	91.80	195.61	3 173.33
	安拆辅助费	元	—	—	—	—	—	—	—
	小计	元	52.13	139.14	74 032.00	16.56	165.60	352.86	5 724.44
可变费用	人工	工日	—	—	3	—	—	—	—
	汽油	kg	—	—	—	—	—	—	—
	柴油	kg	11.10	5.65	—	—	—	—	—
	煤	t	—	—	—	—	—	—	—
	电	kW·h	—	—	3 188.59	—	—	—	—
	水	m³	—	—	—	—	—	—	—
	其他费用	元	—	—	—	—	—	—	—
	小计	元	82.58	42.06	3 029.14	—	—	—	—
定额基价		元	134.71	181.20	77 061.14	16.56	165.60	352.86	5 724.44

续前页

序号			8	9	10	11	12	13
代号			8016001	8016002	8016003	8016004	8016005	8016006
费用项目		单位	除湿设备	滤筒除尘系统	高压无气喷涂设备	除漆雾设备	真空吸砂机	钢板校平机
			—	65kW	25L/min	90kW	12t/hr	宽×厚(mm×mm)4 000×60
不变费用	折旧费	元	416.00	200.00	24.00	313.04	149.93	840.67
	检修费	元	30.33	14.58	2.79	22.83	10.93	88.35
	维护费	元	114.05	54.83	2.95	52.50	41.10	159.02
	安拆辅助费	元	—	—	—	—	—	—
	小计	元	560.39	269.42	29.74	388.37	201.96	1 088.04
可变费用	人工	工日	—	—	—	—	—	1
	汽油	kg						
	柴油	kg						
	煤	kg						
	电	kW·h	266.00	256.55	40.00	442.00	177.00	670.00
	水	t	—	—	—	—	—	—
	其他费用	元	—	—	—	—	—	—
	小计	元	226.10	218.07	34.00	375.70	150.45	675.78
定额基价		元	786.49	487.49	63.74	764.07	352.41	1 763.82

续前页

序　号		14	15	16	17	18	19
代　号		8016007	8016008	8016009	8016010	8016011	8016015
费用项目	单位	钢板预处理线	数控划线号料机	数控火焰切割机	门式多头火焰切割机	数控等离子火焰切割机	数控坡口成型机
		3 500mm	宽×长(mm×mm)6 000×40 000	10kW	厚×宽×长(mm×mm×mm)50×6 000×36 000	120kW	105kW
不变费用	折旧费	元	1 455.00	252.00	124.72	140.80	560.00	960.00
	检修费	元	225.00	18.38	19.79	22.34	89.15	50.99
	维护费	元	405.00	33.08	123.88	139.86	532.25	122.38
	安拆辅助费	元	—	—	11.95	11.95	11.95	—
	小计	元	2 085.00	303.45	280.34	314.95	1 193.35	1 133.38
可变费用	人工	工日	3	1	—	—	—	2
	汽油	kg	—	—	—	—	—	—
	柴油	kg	—	—	—	—	—	—
	煤	t	—	—	—	—	—	—
	电	kW·h	493.00	59.00	29.00	178.00	473.64	414.00
	水	t	—	—	—	—	—	—
	其他费用	元	—	—	—	—	—	—
	小计	元	737.89	156.43	24.65	151.30	402.59	564.46
定额基价		元	2 822.89	459.88	304.99	466.25	1 595.95	1 697.84

续前页

序号			20	21	22	23	24
代号			8016016	8016019	8016021	8016023	8016024
费用项目		单位	板肋装配机 宽×长（mm×mm） 6 000×40 000	压点可移动油压矫正机 宽×长（mm×mm） 5 000×40 000	单侧铣边机 XBJ-15	U肋多头门式自动焊机 宽×长（mm×mm） 6 000×40 000	U肋板单元机械滚压矫正机 宽×长（mm×mm） 5 000×40 000
不变费用	折旧费	元	295.08	895.90	641.28	646.67	711.33
	检修费	元	55.33	64.65	67.44	34.00	37.40
	维护费	元	43.71	116.38	121.39	180.90	99.87
	安拆辅助费	元	—	—	—	—	—
	小计	元	394.12	1 076.93	830.11	861.57	848.61
可变费用	人工	工日	2	2	1	2	2
	汽油	kg	—	—	—	—	—
	柴油	kg	—	—	—	—	—
	煤	t	—	—	—	—	—
	电	kW·h	197.00	118.00	56.00	111.00	335.00
	水	t	—	—	—	—	—
	其他费用	元	—	—	—	—	—
	小计	元	380.01	312.86	153.88	306.91	497.31
定额基价		元	774.13	1 389.79	983.99	1 168.48	1 345.92

续前页

序号			25	26	27	28	29
代号			8016025	8016026	8016027	8016029	8016030
费用项目		单位	卷板机	喷砂除锈机	液压升降平板车	电动平车	电动平车
			—	3m³/min	300t以内	25t	60t
不变费用	折旧费	元	38.93	79.37	2 425.00	113.96	144.00
	检修费	元	6.27	8.43	127.51	9.50	12.00
	维护费	元	4.83	22.52	340.46	25.36	32.04
	安拆辅助费	元	—	—	—	—	—
	小计	元	50.03	110.33	2 892.98	148.81	188.04
可变费用	人工	工日	1	—	—	—	—
	汽油	kg	—	—	—	—	—
	柴油	kg	—	—	125.85	—	—
	煤	t	—	—	—	—	—
	电	kW·h	335.00	28.41	—	118.40	177.60
	水	t	—	—	—	—	—
	其他费用	元	—	—	—	—	—
	小计	元	391.03	24.15	936.32	100.64	150.96
定额基价		元	441.06	134.48	3 829.30	249.45	339.00

续前页

费用项目		单位	30	31	32	33	34
序　号			30	31	32	33	34
代　号			8016031	8016032	8016033	8016034	8016036
			剪板机	数控折弯机	斜面铣床	双面双边同步坡口机	20m 双边铣床
			厚×宽(mm×mm) 16×2 500	2-PPEB800/80	ZX420/42000	85kW	长×宽×厚 (mm×mm×mm) 20 000×1 400×300
不变费用	折旧费	元	74.75	189.44	70.82	905.33	397.54
	检修费	元	6.23	20.13	11.28	95.17	62.69
	维护费	元	3.30	13.89	8.91	254.11	49.52
	安拆辅助费	元	—	8.44	—	8.44	—
	小计	元	84.29	231.90	91.02	1 263.05	509.75
可变费用	人工	工日	1	1	1	1	1
	汽油	kg	—	—	—	—	—
	柴油	kg	—	—	—	—	—
	煤	t	—	—	—	—	—
	电	kW·h	474.00	513.00	237.00	335.00	410.00
	水	t	—	—	—	—	—
	其他费用	元	—	—	—	—	—
	小计	元	509.18	542.33	307.73	391.03	454.78
定额基价		元	593.47	774.23	398.75	1 654.08	964.53

续前页

序号			35	36	37	38	39	40
代号			8016037	8016038	8016039	8016040	8016041	8016042
费用项目		单位	调直机	手持式全自动倒棱设备	数控平面钻床	轨道式摇臂钻床	U肋板单元自动组装定位机床	板式自动组装定位机床
			500t	40-E22	钻孔直径30mm	80型	—	—
不变费用	折旧费	元	480.00	58.67	133.77	39.34	831.43	703.30
	检修费	元	50.98	6.23	21.33	6.27	131.16	112.10
	维护费	元	26.51	16.64	19.41	3.45	74.76	63.9
	安拆辅助费	元	—	—	—	—	—	—
	小计	元	557.50	81.54	174.51	49.06	1 037.35	879.29
可变费用	人工	工日	—	—	1	1	1	1
	汽油	kg	—	—	—	—	—	—
	柴油	kg	—	—	—	—	—	—
	煤	t	—	—	—	—	—	—
	电	kW·h	248.00	24.00	158.00	118.00	197.30	256.60
	水	t	—	—	—	—	—	—
	其他费用	元	—	—	—	—	—	—
	小计	元	210.80	20.40	240.58	206.58	1 112.76	324.35
定额基价		元	768.30	101.94	415.09	255.64	1 311.37	1 203.65

续前页

序　号			41	42	43	44	45
代　号			8016043	8016045	8016046	8016047	8016048
费用项目		单位	龙门焊接专机四焊臂	板肋自动焊接系统	数显卧式铣镗床	龙门刨床	重型高速精密车床
			200kW	90kW	—	宽×长(mm×mm) 1 250×4 000	—
不变费用	折旧费	元	653.13	2 328.00	236.07	98.74	91.43
	检修费	元	47.13	168.00	51.64	21.60	20.00
	维护费	元	250.75	893.76	40.80	12.31	11.40
	安拆辅助费	元	—	—	—	—	—
	小计	元	951.02	3 389.76	328.50	132.65	122.83
可变费用	人工	工日	3	3	1	1	1
	汽油	kg	—	—	—	—	—
	柴油	kg	—	—	—	—	—
	煤	t	—	—	—	—	—
	电	kW·h	789.00	355.23	316.00	351.00	474.00
	水	t	—	—	—	—	—
	其他费用	元	—	—	—	—	—
	小计	元	989.49	620.78	374.88	404.63	509.18
定额基价		元	1 940.51	4 010.54	703.38	537.28	632.01

续前页

序 号			46	47	48	49	50	51
代 号			8016049	8016050	8016051	8016052	8016053	8016054
费用项目		单位	卧式镗床 工作台 (mm×mm) 110×4 900	钢板弯顶机 300t	单头焊接小车 —	CO_2保护焊机 500A	自动埋弧焊机 1 600A	CO_2保护焊机 300A
不变费用	折旧费	元	157.38	64.00	11.52	42.00	26.88	24.00
	检修费	元	34.43	9.33	0.84	6.69	3.14	3.82
	维护费	元	27.20	5.32	4.33	34.44	16.71	20.31
	安拆辅助费	元	—	—	19.12	19.12	12.75	19.12
	小计	元	219.00	78.65	35.81	102.24	59.48	67.24
可变费用	人工	工日	1	—	—	—	—	—
	汽油	kg	—	—	—	—	—	—
	柴油	kg	—	—	—	—	—	—
	煤	t	—	—	—	—	—	—
	电	kW·h	75.00	257.00	59.0	118.00	355.00	71.00
	水	t	—	—	—	—	—	—
	其他费用	元	—	—	—	—	—	—
	小计	元	170.03	218.45	50.15	100.30	301.75	60.35
定额基价		元	389.03	297.10	85.96	202.54	361.23	127.59

续前页

序 号			52	53	54	55	56	57
代 号			8016055	8016057	8016058	8016059	8016060	8016061
费用项目		单位	工型矫正机	全自动车载抛丸机	通用桥式起重机	通用桥式起重机	通用桥式起重机	压力机
			40A(20kW)	2-4800DH	25t	35t	50t	800t 以内
不变费用	折旧费	元	32.96	2 263.33	112.00	188.00	444.58	272.00
	检修费	元	5.24	700.00	24.50	41.13	96.25	28.90
	维护费	元	5.09	1 869.00	53.17	89.24	208.86	52.03
	安拆辅助费	元	—	—	—	—	—	—
	小计	元	43.28	4 832.33	189.67	318.37	749.70	352.93
可变费用	人工	工日	1	2	2	2	2	1
	汽油	kg	—	—	—	—	—	—
	柴油	kg	—	210.0	—	—	—	—
	煤	t	—	—	—	—	—	—
	电	kW·h	79.00	—	256.00	296.00	375.00	296.00
	水	t	—	—	—	—	—	—
	其他费用	元	—	—	—	—	—	—
	小计	元	173.43	1 774.96	430.16	464.16	531.31	357.88
定额基价		元	216.71	6 607.29	619.83	782.53	1 281.01	710.81

续前页

序　号			58	59	60	61	62	63	64
代　号			8016062	8016063	8016064	8016065	8016066	8016067	8016068
费用项目		单位	压力机	除尘打磨机	龙门式起重机	双梁双主钩门式起重机	多功能自回收式抛丸机	电弧喷涂机	螺柱焊机
			5 000t 以内	55kW	800t 以内	600t	宽幅0.8m	—	40kW
不变费用	折旧费	元	1 131.67	326.40	1 160.68	2 763.53	96.00	40.00	50.36
	检修费	元	177.78	34.68	122.07	290.63	10.00	4.65	8.03
	维护费	元	378.67	92.61	168.45	401.07	26.70	4.92	6.18
	安拆辅助费	元	—	—	—	—	—	—	—
	小计	元	1 688.12	453.69	1 451.2	3 455.23	132.70	49.57	64.57
可变费用	人工	工日	2	1	2	2	2	—	1
	汽油	kg	—	—	—	—	—	—	—
	柴油	kg	—	—	—	—	45.0	—	—
	煤	t							
	电	kW·h	810.00	217.00	1 736.67	1 105.16	—	79.00	158.00
	水	t	—	—	—	—	—	—	—
	其他费用	元							
	小计	元	901.06	290.73	1 688.73	1 151.94	547.36	67.15	240.58
定额基价		元	2 589.18	744.42	3 139.93	4 607.18	680.06	116.72	305.15

续前页

费用项目		单位	65	66	67	68	69	70
序 号			65	66	67	68	69	70
代 号			8020001	8020002	8020003	8020004	8020005	8020006
			拖轮				自航式工程驳船	
			功率(kW) 2 205 以内	功率(kW) 2 646 以内	功率(kW) 3 675 以内	功率(kW) 4 410 以内	装载质量(t) 1 200 以内	装载质量(t) 1 800 以内
不变费用	折旧费	元	6 123.38	7 623.60	10 715.91	12 981.56	1 395.48	1 637.01
	检修费	元	902.39	1 123.48	1 579.19	1 913.07	205.65	241.24
	维护费	元	4 486.18	5 585.29	7 850.81	9 510.70	1 022.37	1 199.32
	安拆辅助费	元	—	—	—	—	—	—
	小计	元	11 511.95	14 332.37	20 145.91	24 405.33	2 623.50	3 077.57
可变费用	人工	工日	11	13	13	15	10	10
	汽油	kg	—	—	—	—	—	—
	柴油	kg	1 528.35	2 285.46	3 918.83	4 702.60	733.11	746.44
	煤	t	—	—	—	—	—	—
	电	kW·h	—	—	—	—	—	—
	水	t	3.30	3.90	3.90	4.50	2.10	3.00
	其他费用	元	—	—	—	—	—	—
	小计	元	12 548.98	18 396.07	30 548.34	36 593.78	6 522.85	6 624.47
定额基价		元	24 060.93	32 728.44	50 694.25	60 999.11	9 146.35	9 702.04

续前页

费用项目		单位	序号					
			71	72	73	74	75	76
			代号					
			8020007	8020008	8020009	8020010	8020011	8020012
			自航式工程驳船		固定扒杆起重船			自航式固定扒杆起重船
			装载质量(t) 2 000以内	装载质量(t) 17 000以内	提升质量(t) 2 200以内	提升质量(t) 3 200以内	提升质量(t) 4 000以内	提升质量(t) 1 200以内
不变费用	折旧费	元	1 686.91	18 345.65	63 573.25	92 470.18	115 587.73	36 410.31
	检修费	元	248.60	3 907.62	9 368.69	13 627.18	17 033.98	5 365.7
	维护费	元	1 235.89	8 127.86	56 345.97	81 957.78	102 447.22	32 270.88
	安拆辅助费	元	—	—	—	—	—	—
	小计	元	3 171.40	30 381.13	129 287.91	188 055.14	235 068.93	74 046.71
可变费用	人工	工日	10	15	25	28	30	25
	汽油	kg	—	—	—	—	—	—
	柴油	kg	773.10	1 736.84	2 068.72	3 678.90	3 454.97	2 388.62
	煤	t	—	—	—	—	—	—
	电	kW·h	—	—	—	—	—	—
	水	m³	3.00	10.50	7.50	8.40	9.00	7.50
	其他费用	元	—	—	—	—	—	—
	小计	元	6 822.82	14 544.87	18 068.68	30 369.70	28 917.86	20 448.73
定额基价			9 994.22	44 926.00	147 356.59	218 424.84	263 986.79	94 495.44

续前页

序 号			77	78	79	80	81	82
代 号			8020013	8020014	8020015	8020016	8020017	8020018
费用项目		单位	抛锚船					
			功率(kW) 436以内	功率(kW) 662以内	功率(kW) 882以内	功率(kW) 1 176以内	功率(kW) 1 470以内	功率(kW) 1 764以内
不变费用	折旧费	元	957.95	1 648.40	3 702.99	4 337.90	5 422.37	7 858.36
	检修费	元	141.17	242.92	545.70	639.27	799.09	1 158.07
	维护费	元	701.82	1 207.68	2 712.93	3 178.09	3 972.60	5 757.28
	安拆辅助费	元	—	—	—	—	—	—
	小计	元	1 800.94	3 099.00	6 961.62	8 155.26	10 194.06	14 773.71
可变费用	人工	工日	5	7	8	9	10	12
	汽油	kg	—	—	—	—	—	—
	柴油	kg	404.82	765.83	1 009.15	1 310.64	1 639.27	1 915.55
	煤	t	—	—	—	—	—	—
	电	kW·h	—	—	—	—	—	—
	水	m³	1.80	2.10	2.40	2.70	3.00	3.60
	其他费用	元	—	—	—	—	—	—
	小计	元	3 548.16	6 447.45	8 364.84	10 715.03	13 267.13	15 536.84
定额基价			5 349.10	9 546.45	15 326.46	18 870.29	23 461.19	30 310.55

续前页

序号			83	84	85	86
代号			8020019	8020020	8020021	8022001
费用项目		单位	机动艇		运架一体船	轴力仪
			功率(kW) 235 以内	功率(kW) 368 以内	功率(kW)3 600 以内 提升质量(t)3 600 以内	—
不变费用	折旧费	元	196.28	277.24	55 244.87	122.22
	检修费	元	28.93	40.86	21 545.50	14.67
	维护费	元	143.81	203.12	52 571.02	36.67
	安拆辅助费	元	—	—	—	—
	小计	元	369.02	521.22	129 361.39	173.56
可变费用	人工	工日	3	3	30	—
	汽油	kg	—	—	—	—
	柴油	kg	242.35	368.38	9 725.26	—
	煤	t	—	—	—	—
	电	kW·h	—	—	—	—
	水	m³	0.90	0.90	21.10	—
	其他费用	元	—	—	—	—
	小计	元	2 124.37	3 062.04	75 601.62	—
定额基价			2 493.39	3 583.26	204 963.02	173.56

附录 B 补充材料、半成品单位质量、损耗、基价表

顺序号	名　　称	代号	规　　格	单位	单位质量(kg)	场内运输及操作损耗(%)	单价(元)
1	Q355 钢板	2004001	$\delta=10\sim40$mm	t	1 000	4.5~9	3 724.36
2	Q370 钢板	2004002	$\delta=10\sim60$mm	t	1 000	4.5~9	3 874.36
3	码板	2004003	—	kg	1	0	3.65
4	吊具	2004004	—	t	1 000	0	10 256.41
5	铝丝	2007003	—	kg	1	0	14.0
6	锌丝	2007004	—	kg	1	0	13.76
7	埋弧焊丝	2010001	—	kg	1	0	8.0
8	药芯焊丝	2010002	—	kg	1	0	10.0
9	实心焊丝	2010003	—	kg	1	0	5.8
10	焊剂	2010004	—	kg	1	0	3.0
11	剪力钉	2010005	$\phi22\times200$mm	套	—	1	4.9
12	氧气	3006001	—	m³	—	0	3.7
13	二氧化碳	3006002	—	kg	1	0	0.76
14	丙烷	3006003	—	kg	1	0	8.5
15	乙炔	3006004	—	kg	1	0	19.0
16	稀释剂	5010002	—	kg	1	2	12.1